D. G. Cavalli

VEGAN
Köstlich & Preiswert

© 2015 : D.G. Cavalli

Fotografie : Chiara Cavalli

Korrektorat : Mag. Ina Aglas

Verlag : tredition GmbH, Hamburg

ISBN : 978 - 3 - 7323 - 7071 - 9 (Paperback)
ISBN : 978 - 3 - 7323 - 7072 - 6 (Hardcover)
ISBN : 978 - 3 - 7323 - 7291 - 1 (e - Book)

Printed in Germany

Preiswerte Gerichte

von € 0,45 bis € 1,48 pro Person

Index

Vorwort

Vegan kochen muss nicht teuer sein!

Als Alleinerzieherin weiß ich, dass das Haushaltsgeld oft sehr knapp sein kann. Dennoch ist es möglich, auch mit wenig Geld vegane Köstlichkeiten auf den Tisch zu zaubern.
Die im Buch angegebenen Preise, sind die aktuellen Preise für Bioprodukte aus dem Supermarkt und können daher variieren.
Salz, Öl und Energiekosten sind in der Kostenaufstellung nicht berücksichtigt.
Bei vielen meiner Rezepte ist es möglich, je nach Saison und Geschmack die Gemüsesorten auszutauschen und so neue Gerichte zu kreieren.
Das Rezept für den Apfelkuchen lässt sich auch hervorragend mit anderen Früchten und Zutaten kombinieren. Der Fantasie sind wahrlich keine Grenzen gesetzt.

Ich wünsche gutes Gelingen und „Bon Appétit!"

D. G. Cavalli

Ich möchte meiner Familie ganz herzlich für die Unterstützung bei der Herstellung dieses Kochbuches danken.

Ganz besonders meiner Nichte Marie für das Rezept „Kuchen Marie" und meiner Tochter Chiara für die wunderschönen Fotos.

Geröstete Semmelknödel mit Blaukraut

Zutaten für 4 Personen

400 g Knödelbrot € 1,60
150 g Mehl € 0,34
2 EL fein gehackte Petersilie € 0,30
2 EL Sojamehl € 0,10
2 kleine Zwiebeln € 0,30
1 kleiner Blaukrautkopf € 1,29
600 ml Wasser
1 1/2 TL Salz
Öl

€ 3,93 gesamt
€ 0,98 pro Person

Zubereitungszeit ca. 45 min

Knödel
500 ml Wasser kochen und über das Knödelbrot gießen.
Salz, Mehl, Sojamehl und Petersilie beimengen und
ca. 20 min. ziehen lassen.
Dann Knödel formen (ca. 12 Stück) und diese
in reichlich Salzwasser ca. 20 min. kochen.
Die abgekühlten Knödel in Scheiben schneiden und
mit der kleingeschnittenen Zwiebel in
etwas Olivenöl oder Kokosfett kurz anrösten.

Kraut
Eine kleingeschnittene Zwiebel mit dem geschnittenen
Blaukraut in etwas Olivenöl oder Kokosfett anrösten,
mit 100 ml Wasser aufgießen, salzen und
ca. 20 min. dünsten.

Pizza

Zutaten für 4 Personen

300 g helles Dinkelmehl € 0,68
15 g frische Hefe oder 1 Päckchen Trockenhefe € 0,20
(1 TL Zucker für die frische Hefe)
1 Tasse (250ml) lauwarmes Wasser
300 ml Tomatenpolpa € 0,70
1 Zwiebel € 0,20
10 Oliven € 0,20
3 Tomaten € 0,35
100 g Champignons € 0,50
3 EL Zuckermais € 0,25
Eingelegter Spargel (nach Belieben) € 0,25
3 EL Mandelmus (Käseersatz) € 0,50
1 TL Salz
4 EL Olivenöl

€ 3,83 gesamt
€ 0,96 pro Person

Zubereitungszeit ca. 50 min.

Die frische Hefe mit 1 TL Zucker im lauwarmen Wasser
verrühren und 3 EL Öl beimengen.
Mehl mit Salz und Hefewasser vermischen und
zu einem festen Teig kneten.
Den Pizzateig mit einem Tuch abdecken und
20 min. ruhen lassen.
Ein Backblech mit wenig Öl bestreichen und darauf den
Pizzateig dünn auftragen. Die Polpa auf dem Teig verstreichen
und die restlichen kleingeschnittenen Zutaten darauf verteilen.
Bei ca. 200° C 20 min backen.

Kartoffellaibchen mit geröstetem Mangold und Champignons

Zutaten für 4 Personen

1 kg Kartoffeln € 1,74
250 g helles Dinkelmehl € 0,57
¼ TL Kurkuma € 0,05
1 TL Salz

150 g Mangold € 0,40
2 kleine Zwiebeln € 0,30
150 g Champignons € 0,90
etwas Olivenöl zum Braten

€ 3,96 gesamt
€ 0,99 pro Person

Zubereitungszeit ca. 30 min

Kartoffeln schälen, klein schneiden und
in reichlich Salzwasser kochen. Das Wasser abgießen
und die Kartoffeln mit einem Gemüsestampfer zerdrücken.
Mehl, Salz und Kurkuma beimengen und
zu einem festen Teig verrühren.
Dann Laibchen formen und in wenig Öl braten.

Zwiebel, Mangold und Champignons mit wenig Öl rösten, salzen
und mit den Kartoffellaibchen servieren.

Kürbis- Kartoffelgröstl

Zutaten für 4 Personen

1 kg Kartoffeln € 1,74
400 g Hokkaidokürbis € 0,90
150 g Champignons € 0,90
1 Zwiebel € 0,20
Petersilie € 0,10
1 EL Sesam € 0,10
½ TL Salz
Öl

€ 3,94 gesamt
€ 0,99 pro Person

Zubereitungszeit ca. 25 min

Zwiebel klein schneiden und mit wenig Öl anrösten.
Kürbis, Champignons und Kartoffeln ebenfalls klein schneiden
und ca. 15 min. bei kleiner Flamme mitrösten.
Mit Sesam bestreuen, salzen und noch ca. 3 min. weiter rösten.
Petersilie darüber streuen und servieren.

Kürbis - Zucchinirisotto

Zutaten für 4 Personen

400 g Hokkaidokürbis € 0,90
1 mittelgroße Zucchini € 0,70
1 Zwiebel € 0,20
300 g Risottoreis € 1,50
3 EL gehackte Petersilie € 0,20
1 TL Salz
Öl

€ 3,50 gesamt
€ 0,88 pro Person

Zubereitungszeit ca. 30 min

Die Zwiebel klein schneiden und in etwas Öl anrösten.
Kürbis und Zucchini in Würfel schneiden und kurz mitrösten.
Den Reis untermengen und mit ca. 200 ml Wasser aufgießen.
Nach und nach unter Rühren weitere 600 ml Wasser
dazugeben.
Mit Salz und kleingehackter Petersilie würzen und
so lange köcheln lassen, bis der Reis bissfest ist.

Palatschinken mit gerösteten Zwiebeln, Mangold und Champignons

Zutaten für 4 Personen

750 ml Sojamilch (ungesüßt) € 1,68
300 g helles Dinkelmehl € 0,68
1 Zwiebel € 0,20
150 g Champignons € 0,90
150 g Mangold € 0,40
¼ TL Salz
Öl

€ 3,86 gesamt
€ 0,97 pro Person

Zubereitungszeit ca. 20 min

Mit dem Schneebesen Mehl, Sojamilch und Salz
zu einem Teig verrühren und ca. 10 min ruhen lassen.
In der Zwischenzeit Zwiebel, Mangold und Champignons
anrösten und in den Palatschinkenteig geben.
In einer Pfanne mit etwas Öl oder
Kokosfett die Palatschinken beidseitig anbraten,
bis sie Farbe annehmen.

Reislaibchen mit Petersilkartoffeln

Zutaten für 4 Personen

300 g Naturreis € 0,91
1 Zucchini € 0,79
2 Karotten € 0,20
750 g Kartoffeln € 1,30
3 EL gehackte Petersilie € 0,20
3 EL Dinkelmehl € 0,10
1 TL Salz
Öl

€ 3,50 gesamt
€ 0,88 pro Person

Zubereitungszeit ca. 50 min

Reislaibchen

Den Reis mit der doppelten Menge Wasser, Salz,
kleingeschnittenen Zucchini und Karotten
ca. 40 min. köcheln lassen.
Dann mit 3 EL Dinkelmehl vermischen,
Laibchen formen und in Olivenöl beidseitig braten,
bis sie Farbe annehmen.

Petersilkartoffeln

Kartoffeln schälen, schneiden und in Salzwasser weich kochen.
Das Wasser abgießen, etwas Olivenöl über
die Kartoffeln träufeln, salzen
und die gehackte Petersilie untermischen.

Rote Rüben - Kohlrabirisotto

Zutaten für 4 Personen

300 g Risottoreis € 1,50
300 g rote Rüben € 0,60
1 Kohlrabi € 0, 70
1 Zucchini € 0,70
2 Karotten € 0,20
1 kleine Zwiebel € 0,15
Soja oder Hafersahne € 0,30
1 TL Salz
2 EL Olivenöl oder Kokosöl

€ 4,15 gesamt
€ 1,03 pro Person

Zubereitungszeit ca. 30 min.

Die Zwiebel klein schneiden und in Öl anbraten.
Das geschnittene Gemüse beimengen und gut durchrühren.
Risottoreis dazugeben und mit ca. 200 ml Wasser aufgießen.
Nach und nach weitere 600 ml Wasser unter Rühren
dazugeben, salzen und solange köcheln lassen,
bis der Reis bissfest ist.
Mit etwas Soja oder Hafersahne servieren.

24

Borschtsch

Zutaten für 4 Personen

1 kleine Zwiebel € 0,15
1 kleiner Krautkopf (rot oder weiß) € 0,90
300 g rote Rüben € 0,60
2 Karotten € 0,20
500 g Kartoffeln € 0,90
70 g Sojaschnetzel € 1,10
1 EL Majoran € 0,10
1 TL Salz
Öl

€ 3,95 gesamt
€ 0,99 pro Person

Zubereitungszeit ca. 35 min

Alle Zutaten klein schneiden.
Die Zwiebel kurz anrösten, dann Gemüse und
Sojageschnetzeltes dazugeben.
Den Topf bis 1 cm über dem Gemüse mit Wasser füllen.
Mit Salz und Majoran würzen und ca. 20 min. köcheln lassen.
Mit etwas Soja oder Hafersahne servieren.

.

Krautnudeln

Zutaten für 4 Personen

500 g Nudeln € 2,19
1 große Zwiebel € 0,20
1 kleiner Weißkrautkopf € 0,90
Kräuter zum Garnieren € 0,20
1 TL Salz
3 EL Olivenöl

€ 3,49 gesamt
€ 0,88 pro Person

Zubereitungszeit ca. 20min.

Zwiebel klein schneiden und in Olivenöl anrösten.
Das geschnittene Kraut dazugeben, salzen
und mit etwas Wasser solange rösten, bis das Kraut woich ist.

Nudeln im kochenden Wasser mit etwas Salz
und Öl bissfest kochen.
Mit dem Kraut vermischen und
mit kleingehackten Kräutern (Petersilie oder Basilikum)
garnieren.

Linsenspaghetti

Zutaten für 4 Personen

1 große Zwiebel € 0.20
500 ml Tomatenpolpa € 0,90
200 g Linsen (getrocknet) € 0,90
1 TL Salz
1 EL Öl

500 g Spaghetti € 1,90

€ 3,90 gesamt
€ 0,98 pro Person

Zubereitungszeit ca. 20 min

Zwiebel klein schneiden und mit etwas Öl anrösten.
Linsen und Tomatenpolpa dazugeben, salzen und
ca. 15 min. köcheln lassen.
Die Spaghetti mit etwas Salz und Öl in ca. 2 l Wasser kochen,
bis sie bissfest sind und mit der Linsen-Tomatensauce
servieren.

Chili con Soja

Zutaten für 4 Personen

1 Zwiebel € 0,15
2 Dosen Bio - Tomatenwürfel € 1,58
250 g Kidneybohnen (getrocknet) € 1,45
1 Dose Mais € 1,19
75 g Sojageschnetzeltes € 1,10
1 TL Chilipulver € 0,15
1 EL Scharfes Paprikapulver € 0,20
1 TL Salz
3 EL Öl
ca. 200 ml Wasser

€ 5,82 gesamt
€ 1,46 pro Person

**Zubereitungszeit ca. 25 min
(+ 2 Stunden Kochzeit für die Bohnen)**

Kidneybohnen über Nacht in kaltes Wasser einweichen und ca.
2 Stunden lang weich kochen.
Zwiebel klein schneiden und in Öl anrösten.
Dosentomaten, Kidneybohnen, Mais und
Sojageschnetzeltes dazugeben.
Mit 200 ml Wasser aufgießen. Salz, Paprika und
Chilipulver unterrühren und
ca. 20 min köcheln lassen.

Pasta al`arrabiata

Zutaten für 4 Personen

1 Zwiebel € 0,20
2 Karotten € 0,10
500 g Tomaten € 1,30
1 Zucchini € 0,70
1 TL Paprikapulver (scharf) € 0,10
1 TL Chiliflocken € 0,10
Öl
Salz

500 g Pasta € 2,20

€ 4,70 gesamt
€ 1,18 pro Person

Zubereitungszeit ca. 20 min

Zwiebel klein schneiden und mit etwas Öl anrösten.
Das geschnittene Gemüse dazugeben.
Mit Paprikapulver, Chiliflocken und Salz würzen
und ca.15 min. dünsten.
Die Nudeln in ca. 2 l Wasser mit etwas Salz
und Öl bissfest kochen und
mit der scharfen Gemüsesauce servieren.

Sauerkraut auf Szegediner - Art

Zutaten für 4 Personen

1 Zwiebel € 0,15
½ kg Sauerkraut € 1,29
300 g Tomaten € 0,70
100 g geräucherter Tofu € 0,70
1 EL scharfer Paprika € 0,10
1 kg Kartoffeln € 1,74
1 EL Rosmarinblätter € 0,10
1 TL Salz
Öl

€ 4,78 gesamt
€ 1,20 pro Person

Zubereitung ca. 40 min

Kraut
Zwiebel klein schneiden und anrösten.
Tomaten und Tofu in kleine Würfel schneiden und
mit dem Sauerkraut kurz mitrosten.
Mit Salz und Paprikapulver würzen.
200 ml Wasser dazugeben und
ca. 15 min köcheln lassen.

Kartoffeln
Die Kartoffeln gut waschen und mit der Schale in ca. 0,5 cm
dicke Scheiben schneiden. Ein Backblech mit Backpapier
belegen und die Kartoffelscheiben darauf verteilen. Öl und
Rosmarin auf die Kartoffeln geben und ca. 30 min. bei 200 ° C
im Ofen braten.

Polenta - Gemüsekuchen

Zutaten für 4 Personen

200 g Polenta € 1,30
1 Zwiebel € 0,20
2 Karotten € 0,30
1 Zucchini € 0,70
1 kleine Melanzani € 1,30
30 ml Sojasahne € 0,70
1 EL Petersilie (kleingeschnitten) € 0,20
Salz
Öl

€ 4,70 gesamt
€ 1,18 pro Person

Zubereitungszeit ca. 40 min

Alle Zutaten klein schneiden. Die Zwiebel anrösten und
mit dem Gemüse vermischen, salzen
und ca.10 min. dünsten.
200 g Polenta mit ½ TL Salz in ca. 600 ml Wasser einrühren
und solange aufkochen bis die Masse fest ist.
Polenta in eine eingefettete Springform geben
und glatt streichen.
Das Gemüse darauf verteilen, mit Sojasahne
und Kräutern toppen
und bei 180° C ca. 15 min. backen.

Kürbis - Zuchinisuppe

Zutaten für 4 Personen

1 große Zwiebel € 0,20
1 Zucchini € 0,70
400 g Hokkaidokürbis € 0,90
1 l Wasser
½ TL Salz
Öl

€ 1,80 gesamt
€ 0,45 pro Person

Zubereitungszeit ca. 20 min

Die Zwiebel klein schneiden und mit etwas Öl anrösten.
Kürbis und Zucchini in Würfel schneiden und kurz mitrösten.
Das Gemüse mit 1 l Wasser aufgießen, salzen
ca. 15 min kochen lassen und pürieren.

Sellerie - Karottensuppe

Zutaten für 4 Personen

1 große Zwiebel € 0,20
1 Sellerieknolle € 1,29
½ kg Karotten € 0,60
1 kleines Stück Ingwer € 0,10
1 EL gehackte Petersilie € 0,20
1 l Wasser
1 TL Salz
Öl

€ 2,39 gesamt
€ 0,60 pro Person

Zubereitungszeit ca. 25 min.

Die Zwiebel klein schneiden und mit etwas Öl anrösten.
Sellerie, Ingwer und Karotten ebenfalls klein schneiden
und mitrösten.
Mit 1 l Wasser aufgießen, salzen und 15 min. köcheln lassen.
Pürieren und Petersilie unterrühren.

Gulaschsuppe

Zutaten für 4 Personen

1 Zwiebel € 0,15
1 kg Kartoffeln € 1,74
1 Dose Erbsen € 1,19
100 g geräucherten Tofu € 0,70
3 EL Dinkelmehl € 0,10
1 EL Paprikapulver (scharf) € 0,10
1 EL Majoran € 0,10
750 ml Wasser
1 TL Salz
Öl

€ 4,08 gesamt
€ 1,02 pro Person

Zubereitungszeit ca. 25 min

Die Zwiebel klein schneiden und mit etwas Öl anrösten.
Kartoffeln schälen, klein schneiden und mit den Erbsen und
der Zwiebel gut vermischen. Mehl und Paprikapulver dazugeben
und mit 750 ml Wasser aufgießen.
Tofu, Salz und Majoran beifügen und
ca. 15 min köcheln lassen.

Tomatensuppe mit Dinkelreiseinlage

Zutaten für 4 Personen

1 große Zwiebel € 0,20
½ kg Tomaten € 0,90
2 große Karotten € 0,20
150 g Mangold € 0,40
1 Handvoll Basilikumblätter € 0,20
1 l Tomatenpolpa € 1,79
½ l Wasser
1 TL Salz
Öl
150 g Dinkelreis € 0,68

€ 4,37 gesamt
€ 1,10 pro Person

Zubereitungszeit ca. 25 min

Reis
1 Tasse Dinkelreis mit der doppelten Menge Wasser
in einen Topf geben und kochen lassen, bis der Reis weich ist.

Suppe
Zwiebel klein schneiden und mit Olivenöl anrösten.
Die restlichen Zutaten klein schneiden und kurz mitrösten.
Polpa, Wasser und Salz dazugeben und
ca.15 min köcheln lassen.
Die Suppe mit Dinkelreis und Basilikumblättern servieren.

Kartoffelsalat mit Tofuwürfel

Zutaten für 4 Personen

1 Kopf grüner Salat € 0,70
3/4 kg Kartoffeln € 1,30
1 große Zwiebel € 0,20
4 große Tomaten € 0,90
150 g geräucherter Tofu € 1,50
Balsamicoessig € 0.20
Salz
Öl

€ 4,80 gesamt
€ 1,20 pro Person

Zubereitungszeit ca. 40 min

Kartoffeln mit der Schale ca. ½ Stunde kochen.
Dann schälen und in dünne Scheiben schneiden.
Salat waschen,
Tomaten und Zwiebel klein schneiden, den Tofu in Würfel
schneiden und alle Zutaten in eine große Salatschüssel geben.
Nach Belieben salzen und mit Olivenöl und
Balsamicoessig marinieren.

Seitankebab

Zutaten für 4 Personen

300 g Dinkelseitan aus 1 kg Dinkelmehl € 2,29
1 Zwiebel € 0,15
1 TL Oregano € 0,10
1 ½ TL Paprikapulver € 0,15
100 g Salatblätter € 0,30
3 Tomaten € 0,50
100 g geschnittenes Rotkraut € 0,50
Sojagurt für die Soße € 0,90
1 türkisches Fladenbrot € 1
1 l Wasser
1 TL Salz
2 EL Öl

€ 5,89 gesamt
€ 1,48 pro Person

Zubereitungszeit ca. 15 min

(+ ca. 2 Stunden zur Seitanzubereitung)

Das Dinkelmehl in eine Schüssel geben und solange mit kaltem Wasser auswaschen und kneten, bis nur mehr das Dinkeleiweiß übrig ist. Dann in 1 l Wasser Zwiebel, Salz und Paprikapulver geben und darin den Seitan ca. 30 min. kochen. Den abgekühlten Seitan in dünne Scheiben schneiden, mit Oregano Salz und Paprikapulver würzen und in etwas Olivenöl rösten.

Das türkische Fladenbrot vierteln, aufschneiden und mit Seitankebab, Salatblättern, Tomatenscheiben, Rotkraut und gesalzenem Sojagurt füllen.

Schokoladentorte auf Sacher - Art

Zutaten

300 g helles Dinkelmehl € 0,68
250 ml Sojamilch € 0,57
2 EL Kakaopulver € 0,20
200 g Vollrohrzucker € 1,36
50 g Bio - Margarine € 0,26
1 Pkg. Weinsteinbackpulver € 0,24
250 g Marillenmarmelade € 1,90
100 g dunkle Schokolade für den Guss € 1,90
1 EL Öl

€ 7,11 gesamt (12 Stück)
€ 0,60 pro Stück

Zubereitungszeit incl. Backzeit ca. 45 min

Dinkelmehl, Zucker, Kakaopulver, Backpulver
Margarine und Sojamilch zu einem Teig verrühren,
in eine eingefettete Backform geben und
bei 180° C ca. 30 min. backen.
Die Torte abkühlen lassen und
mit einem Zwirn in der Mitte durchschneiden.
Die untere Tortenhälfte mit der Hälfte
der Marillenmarmelade bestreichen,
die obere Tortenhälfte darauf legen und
ebenfalls mit Marmelade bestreichen.
Die Schokolade im Wasserbad mit einem EL
Olivenöl vermischen und schmelzen lassen.
Die flüssige Schokolade über die Torte gießen,
verstreichen und abkühlen lassen.

Apfelkuchen

Zutaten

2 Äpfel € 0,90
300 g Dinkelmehl € 0,64
250 ml Sojamilch € 0,57
200 g Vollrohrzucker € 1,36
1 Packung Weinsteinbackpulver € 0,24
1 EL Zimt € 0,20
50 g Bio - Margarine € 0,20

€ 4,11 gesamt (12 Stück)
€ 0,34 pro Stück

Zubereitungszeit ca. 50 min

Äpfel klein schneiden und mit Zimt vermischen.
Dinkelmehl, Zucker, Backpulver und Margarine gut
verrühren und Sojamilch dazugeben.
Die Apfelzimtmischung unterheben und
in einer gefetteten Form
bei 180° C ca. 30 min backen.

Bananenmuffins

Zutaten

300 g helles Dinkelmehl € 0,68
2 Bananen € 0,50
70 g dunkle Schokotropfen € 0,60
200 g Rohrzucker € 1,36
50 g Bio - Margarine € 0,26
1 Päckchen Backpulver € 0,24
250 ml Sojamilch € 0,57

€ 4,21 gesamt (12 Stück)
€ 0,35 pro Muffin

Zubereitung ca. 45 min

Mehl, Zucker, Margarine, Backpulver und Sojamilch vermischen
und zu einem glatten Teig rühren.
Die Bananen in kleine Stücke schneiden und
mit den Schokotropfen zur Masse geben.
Den Teig in Muffinformen löffeln und
ca. 20 min. bei 180° C backen.
Die abgekühlten Muffins eventuell mit
Bananenscheiben und Sojaschokocreme
verzieren.

Kuchen „MARIE"

Zutaten

250 g helles Dinkelmehl € 0,56
150 g Rohrzucker € 1,20
1 Päckchen Vanillezucker € 0,24
1 Päckchen Backpulver € 0,24
130 ml Öl (oder 60 g Bio - Margarine) € 0,26
250 ml Kokosdrink € 0,75
2 EL Rum € 0,30
70 g vegane Schokostreusel € 0,60
2 Bananen € 0,50
Mandelblättchen € 0,50
Soja Schokopuddingdessert (dunkel) € 1,50

€ 6,65 gesamt (12 Stück)
€ 0,55 pro Stück

Zubereitungszeit ca. 45 min

Kokosdrink mit Rum und Zucker gut verrühren. Margarine (Öl),
Mehl, Vanillezucker, Backpulver und Schokostreusel unterheben
und in eine eingefettete Backform geben.
Bei 180° C ca. 35 - 40 min. backen.
Den Kuchen abkühlen lassen und
mit in Scheiben geschnittenen Bananen belegen.
Das Schokodessert über die Bananen verstreichen
und mit Mandelblättchen bestreuen.

Zeitfracht Medien GmbH
Ferdinand-Jühlke-Straße 7
99095 Erfurt, Deutschland
produktsicherheit@kolibri360.de